DE

LA CHARTE.

PARIS, IMPRIMERIE DE POUSSIELGUE-RUSAND,
rue de Sèvres, n. 9.

DE
LA CHARTE.

Par M. R. de Cabueil.

A PARIS,

A LA LIBRAIRIE DE RUSAND ET Cⁱᵉ,

rue du Pot-de-Fer Saint-Sulpice, n. 8,

ET CHEZ TOUS LES MARCHANDS DE NOUVEAUTÉS.

1830.

DE
LA CHARTE.

Si chacun interprète la Charte à sa manière; si les factieux cherchent à en faire une pomme de discorde; si ceux que l'on appelle raisonnables dans le monde veulent y trouver des élémens propres à flatter de coupables ambitions; si des hommes dévoués à la monarchie et au pays faussent la loi fondamentale avec des interprétations erronées, il est alors du devoir de l'homme ami de son Roi et de son pays de publier ses opinions sur un point aussi controversé; les révolutionnaires dussent-ils empoisonner ses doctrines en les reproduisant, et les autres les accueillir avec froideur et dédain. Quelque chose console l'écrivain généreux, c'est de penser que l'homme de bien se rencontre partout, qu'il est impartial dans ses jugemens, et disposé à rendre témoignage à la vérité !

L'explication de la Charte peut offrir des difficultés à celui qui, négligeant le sens véritable comme trop vulgaire, veut absolument prêter au pacte fondamental des idéalités [1] et des chimères que la raison ne saurait admettre. Pour tout autre au contraire cette explication devient un travail facile et de quelque utilité ; car avec les armes de la raison et de la vérité on est assuré de se faire comprendre tôt ou tard. Le journalisme qui se manque jusqu'à charger ses feuilles quotidiennes de grossiers mensonges, jusqu'à poursuivre d'une haine injuste et brutale le gouvernement le plus paternel du monde, et l'écrivain qui abuse de la crédulité et de la bonne foi des peuples, voient bientôt l'admiration se changer pour eux en profond mépris. Punition terrible sans doute, mais punition bien due à leur forfaiture !

Si une loi (et la Charte est sans contredit la première de toutes les lois et la colonne inébranlable sur laquelle reposent les lois et les institutions françaises) demande parfois des

---

[1] Lire les ouvrages de M. Cottu et le *Mémoire au Roi* de M.***.

interprétations, elle n'admet jamais de sens forcé qui douteux aujourd'hui, serait anéanti demain comme une ombre vaine par la seule orce de la réalité. Une loi qui ne parle pas assez clairement pour être sentie des faibles intelligences, en dit cependant assez pour que sa volonté ne soit point méconnue de ceux qui sont chargés de l'expliquer. Il y a loin de ce siècle et bien loin, il faut en convenir, aux siècles de barbarie qui entourent de nuages grossiers l'enfance des peuples! L'obscurité n'appartient maintenant qu'au théâtre et aux poètes romantiques; car pour peu que l'on sache envisager les choses, hors de là, le langage est précis et la pensée positive.

Nul ne peut disputer à la Charte le mérite de la clarté; et pourquoi cherche-t-on à la transformer en oracle des sibylles? C'est peut-être qu'il y a des hommes dont l'ambition n'est jamais satisfaite, dont les fausses prétentions à l'esprit les amènent à se faire une réputation au delà des routes ordinaires. Mais le bon sens arrive tôt ou tard pour rétablir les choses et rendre à la logique ce qui est à la logique, et à la mauvaise foi ce qui est à la mauvaise foi.

La Charte se partage naturellement en quatre grandes puissances : le Roi avec ses prérogatives consacrées par les siècles et la nécessité ; le peuple avec les droits que la Charte lui reconnaît et lui concède ; la Chambre des Pairs et la Chambre des Députés avec leurs obligations, leurs devoirs et leurs prérogatives. Ces quatre *puissances indivisibles* forment la monarchie française, magnifique avant 89 et magnifique encore à sa restauration. Si des ambitieux, dont la conduite ne saurait s'expliquer qu'à la honte de l'esprit humain, ont pu abattre cette monarchie, parce qu'il y avait sans doute trop de débonnaireté sur le trône, trop peu de bonne foi et trop d'incapacité dans les ministres, la nécessité où se trouve un peuple de conquérir le repos qu'on lui refuse, et plus encore l'amour-propre que met une nation à rechercher sa gloire au delà des jours précédens, devaient infailliblement la rétablir. Pour mieux se comprendre on appellera *état*, celle de ces quatre puissances qui représente la nation, et les trois autres *gouvernement*. Vouloir détruire l'une c'est chercher à anéantir l'ensemble ; et l'ensemble détruit il reste non plus un état, mais un peuple aveugle, composé d'élémens divers qui, s'entrechoquant pour se réédifier, amènent bientôt leur entière destruction. Le sort ordinaire d'un peuple ainsi bouleversé est l'asservissement au joug que lui impose l'homme le plus adroit ou la nation la plus belliqueuse. Joug terrible dont il est prudent de garder le souvenir ! car pour des nations non moins glorieuses que la nation française, non moins avancées dans la civilisation, il n'y a eu qu'un pas de ce joug à l'abrutissement.

J'ai posé quatre divisions, or je vais les examiner une à une et commencer par le peuple avec les droits que la Charte lui reconnaît et lui concède ; et d'abord il faut savoir ce que c'est que le peuple. Le peuple, en France, est cette masse nationale d'où sont sortis les rois, plus puissans et plus environnés de gloire, à mesure que les siècles se sont approchés de la civilisation : honneur inappréciable dont quelques nations ne sauraient pas se glorifier ! Il est encore cette masse qui enfante l'armée, qui crée les admissibles aux emplois civils et militaires, et d'où s'élèvent comme deux points lumineux et la Chambre des Pairs et la Chambre des Députés, qui, en unité avec le monarque, forment, comme je l'ai dit, le gouvernement. Incapable par elle-même de se régir et de gouverner avec sagesse (elle en a fait l'expérience), cette masse toute populaire, considérée isolément, veut être gouvernee.

Sans cesse occupée de commerce, d'industrie, de culture, de la gestion de son patrimoine, de l'agrandissement de sa fortune, il n'est point étonnant de la trouver inhabile aux affaires publiques, envisagée dans son ensemble. Mais en abandonnant un genre d'étude qui l'aurait éloignée d'études plus lucratives pour elle et moins dangereuses, elle a dû *nécessairement* confier ses destinées à des hommes qui, placés plus près que les autres du sommet, étaient plus à même de se faire comprendre. La monarchie française naquit de la *nécessité*. Ceci est applicable à tous les gouvernemens ; ils ont seulement varié de forme selon l'esprit des nations et les localités. Que les nations aient été d'abord peuplades errantes, ou poignées d'aventuriers, qu'importe ! A la nécessité de formation d'un gouvernement pour un peuple qui commence il faut ajouter la nécessité de durée, car il est incontestable que le respect pour le gouvernement primitif a rendu les nations florissantes, que le mépris pour ce gouvernement a trop souvent amené leur décadence.

Les franchises du peuple selon la Charte, car il est temps de s'en occuper, sont l'égalité [1]

---

[1] Art. 1er de la Charte. Les Français sont égaux devant la loi, quels que soient d'ailleurs leurs titres et leurs rangs.

devant la loi, mais cette égalité qui n'admet ni la confusion ni le désordre; la participation[1] égale et proportionnée à la fortune de chacun aux charges de l'état; l'admission [2] possible de tous aux emplois civils et militaires, mais cette admission qui réclame dans les aspirans éducation, capacité, instruction, honneur et *bravoure* chez les militaires; la liberté [3] individuelle soumise aux lois; le droit[4] que chacun a de professer sa religion; la liberté [5] de la presse, mais cette liberté qui n'est point la licence. Ce sont là des bienfaits immenses que la république et l'empire ont méconnus: l'une prêchait sa liberté et la justice avec des écha-

[1] Art. II. Les Français contribuent indistinctement, dans la proportion de leur fortune, aux charges de l'état. — Cet article établit un état, lui reconnaît des charges et impose des contributions. Or ceux qui proclament partout le refus du budget comme une nécessité, travaillent au renversement de l'état et foulent aux pieds la Charte qu'ils ont cependant pour la plupart juré de maintenir.

[2] Art. III. Les Français sont également admissibles aux emplois civils et militaires.

[3] Art. IV. Leur liberté individuelle est également garantie, personne ne pouvant être poursuivi ni arrêté que dans les cas prévus par la loi, et dans la forme qu'elle prescrit.

[4] Art. V. Chacun professe sa religion avec une égale liberté, et obtient pour son culte la même protection.

[5] Art. VIII. Les Français ont le droit de publier et de faire imprimer leurs opinions, en se conformant aux lois qui *doivent* réprimer les abus de cette liberté. — Si l'expérience a prouvé ou vient à prouver que les lois existantes ne suffisent pas il faudra, sous peine de destruction entière de la société, faire des lois plus fortes et peut-être user d'ordonnances en attendant ces lois.

fauds, la famine, les incendies, les proscrip-
tions, la spoliation et la banqueroute des deux
tiers ; l'autre semblait dire aux Français : Vous
êtes libres, messieurs, mais à la condition que
vous respecterez mes caprices et que vous por-
terez gaîement le joug de fer qu'il m'a plu de
vous imposer.

J'examinerai brièvement les résultats d'un
tel ordre de choses, bien différent sans doute
de l'empire, qui a coûté à la France plus de
vingt milliards avec ses libertés qu'elle avait
perdues dès 89, et qu'elle a espéré vainement
recouvrer à la chute de la république; bien différent aussi de cette république dont chaque
heure d'existence est entachée de nouveaux
forfaits. Les manufactures aujourd'hui nom-
breuses et presque nulles aux temps de l'a-
narchie et du despotisme, sont en pleine ac-
tivité ; le commerce est florissant, l'agriculture
répand une douce aisance au sein d'une classe
naguère malheureuse; les fonds publics, dont
l'immense [1] prospérité est entièremont due à

---

[1] La langueur momentanée des fonds publics est due à l'effro
que les prochaines élections peuvent bien donner aux hommes rai-[1]
sonnables. Ces fonds, à l'arrivée du ministère du 8 août, devaien
baisser comme conséquence du langage des journaux révolutionnaires :
ils ont haussé jusqu'à l'ouverture des chambres; ils ont haussé
lors du discours du trône; ils ont haussé lors de l'adresse de la
chambre des pairs; mais ils ont baissé lors de l'adresse de la chambre
inconvenante. Ils ont haussé lors de la prorogation ; ils ont été sta-

M. de Villèle, s'élevent de pair avec ceux de la Grande-Bretagne, après avoir été pour l'Angleterre et les autres puissances un objet de dérision ; les relations sont amicales et honorables au dehors, tandis que la paix compagne de l'abondance règne au dedans ; l'armée française non moins couverte de gloire qu'aux siècles précédens avait déjà cueilli les lauriers du Trocadéro et de Navarin, et la voilà qui *désinfecte* les mers d'une piraterie honteuse pour les peuples qui la souffrent, plus honteuse encore pour les nations tributaires. Cet état de prospérité et de gloire, car il y a gloire et prospérité incontestables, est dû au retour des Bourbons. Si la présence des descendans de S. Louis et de Henri IV a fait oublier de trop longues années de stupeur et d'angoisses, la Charte que Louis XVIII a cru dans sa sagesse devoir octroyer aux Français a calmé les passions, déjoué toutes les ambitions et fermé pour jamais l'abîme des révolutions.

Je passe à une autre division, le Roi avec ses prérogatives consacrées par les siècles et la nécessité, et sanctionnées par la Charte. La première de ces deux propositions est applicable

tionnaires lors de la dissolution, et sont tombés en grande défaveur aussitôt que le journalisme incendiaire eut embouché ses trompettes de discorde.

à toutes les monarchies que la sagesse des hommes a dû, une fois établies, environner d'un éclat assez brillant et investir d'une puissance assez grande pour qu'elles en imposent aux peuples et qu'elles les contiennent dans ces momens d'effervescence qu'un rien peut faire naître et que la moindre chose peut calmer.

[1] *La monarchie telle qu'elle existe dans la plupart des états européens est une institution modifiée par le temps, adoucie par l'habitude; elle est entourée de corps intermédiaires qui la soutiennent à la fois et la limitent, et sa transmission régulière et paisible rend la soumission plus facile et la puissance moins ombrageuse. Le monarque est en quelque sorte un être abstrait, on voit en lui non pas un individu, mais une race entière de Rois, une tradition de plusieurs siècles. La monarchie n'est point une préférence accordée à un homme aux dépens des autres; c'est une suprématie consacrée d'avance : elle décourage les ambitieux, mais n'offense point les vanités. Ce n'est pas tout de se déclarer monarque héréditaire; ce qui constitue tel ce n'est pas le trône qu'on veut transmettre, mais le trône qu'on a hérité.*

A cet éloge des monarchies qui n'a rien que de

___

[1] *De l'Esprit de conquête et de l'usurpation dans leurs rapports avec la civilisation des Européens*, par Benjamin Constant

vrai, j'ajouterai : La France a été monarchique dès son berceau ; et sa monarchie d'abord grossière comme le peuple s'est bientôt épurée. La première race de ses rois offre sinon une gloire constante, une civilisation parfaite, du moins des intervalles de gloire que les générations contemporaines ont pu lui envier. La seconde race, beaucoup plus brillante que la première (elle a eu son Charlemagne), est entièrement éclipsée par la troisième qui, aux règnes de Louis IX, de Philippe-le-Bel, de Charles V, de Charles VII, de Louis XII, de François Ier, de Henri IV, de Louis XIII, de Louis XIV, peut encore ajouter pour l'immensité de sa gloire les règnes de Louis XVIII, le libérateur et le régénérateur du peuple, et de Charles X, dont chaque parole et chaque action décèlent les intentions les plus paternelles, intentions méconnues par les deux cent vingt-un de la Chambre *inconvenante;* mais il faut envisager la monarchie selon cette Charte dont les bases inébranlables sont appuyées sur la générosité d'un prince et la reconnaissance d'un peuple.

Les prérogatives du Roi selon la Charte sont la toute-puissance *régnante*, la toute-puissance *gouvernante* et la toute-puissance *coopérante* aux lois ; je m'explique, la loi fondamentale à la main. La Charte déclare la personne du

Roi [1] inviolable et sacrée ; elle l'établit le chef suprême [2] de l'état ; or ceci constitue bien la toute-puissance regnante. La Charte attribue au Roi [3] seul le pouvoir exécutif : il commande les forces de terre et de mer ; il déclare la guerre ; il fait les traités de paix, d'alliance et de commerce ; *il choisit ses ministres* ; il nomme à tous les emplois d'administration publique ; il fait les réglemens et ordonnances pour l'exécution des lois et la *sûreté de l'état :* toute justice émane du Roi ; elle s'administre en son nom par des juges qu'il nomme et qu'il institue : il crée les juridictions prévôtales quand leur rétablissement lui paraît nécessaire. Le Roi a le droit de faire grâce et celui de commuer les peines ; il n'en faut pas davantage, ce me semble, pour constituer la toute-puissance *gouvernante* dans laquelle vient se confondre la toute-puissance coopérante aux lois, qui en est la conséquence forcée : cette dernière est appuyée sur les articles XV, XVI, XVII, XXI, XXII et XLVI de la Charte. L'article XVI réserve l'initiative au Roi, et l'article XLVI corrobore cette initiative en déclarant qu'aucun amendement ne peut être

---

[1] Art. XIII. La personne du Roi est inviolable et sacrée.
[2] Art. XIV. Le Roi est le chef suprême de l'état.
[3] Art. XV.... Au Roi seul appartient la puissance exécutive.

fait à une loi s'il n'a été proposé ou consenti par le Roi.

La royauté selon la Charte n'est plus un instrument passif des deux autres pouvoirs : elle en est au contraire la vie; elle les réunit et les proroge à son gré; elle modifie l'esprit de la haute Chambre par la nomination de nouveaux Pairs quand elle le croit utile au pays, et si la Chambre des Députés devient ombrageuse, si elle a soif du pouvoir, la royauté la dissout. La Chambre dissoute, on ne peut, il est vrai, en rester là, car la volonté du monarque, de concert avec la Charte, s'y-oppose formellement: en même temps que la Charte assure d'une manière incontestable les droits de la couronne, elle veut que l'on respecte les franchises du peuple. Elle a établi trois pouvoirs dont aucun ne disparaîtra devant les deux autres, dont deux ne pourront disparaître devant un, sans que la Charte violée dans ses principes ne soit anéantie.

Le Roi a le droit de *choisir ses ministres*, et personne ne peut les lui arracher, quand bien même ils seraient de très mauvais ministres aux yeux du plus grand nombre. [1] Autrement

[1] « Une adresse qui déclare les ministres indignes de la confiance « publique (c'est M. Benjamin Constant qui parle) n'est qu'un cri de « vengeance. Aucun tribunal n'existe pour prononcer sur la déclara- « tion dont il s'agit. Cette déclaration est un acte d'hostilité, sans

le droit de choisir qui implique naturellement celui de conserver serait tout à fait illusoire, et la Charte deviendrait une loi de fraude et de caprices. Loin de nous cette idée !!! D'ailleurs que peut-on appréhender avec de mauvais ministres ? Des lois mauvaises ! vaine appréhension ! avec de bonnes Chambres ces

« résultat fixe et nécessaire. Cette déclaration est en troisième lieu
« une atteinte directe à la prérogative royale; elle dispute au prince
« la liberté de ses choix : qnand vous accusez les ministres ce sont
« eux seuls que vous attaquez; mais quand vous les déclarez in-
« dignes de la confiance publique le prince est inculpé ou dans ses
« intentions ou dans ses lumières, ce qui ne doit jamais arriver dans
« un gouvernement constitutionnel.

« L'essence de la royauté dans une monarchie représentative c'est
« l'indépendance des nominations qui lui sont attribuées : il faut donc
« lui laisser cette prérogative intacte et respectée. Il ne faut jamais
« contester le droit de choisir; il ne faut pas que les assemblées s'ar-
« rogent le droit d'exclure, droit qui, exercé obstinément, implique
« à la fin celui de nommer.

« On ne m'accusera pas, je pense, d'être trop favorable à l'auto-
« rité absolue ; mais je veux que la royauté soit investie de toute la
« force, entourée de toute la vénération qui lui sont nécessaires pour
« le salut du peuple et la dignité du trône.

« La déclaration que l'on propose deviendra ou une formule sans
« conséquence ou une arme entre les mains des factions. » (M. Benjamin Constant, *Principes de politique applicables à tous les gouver-
nans, et particulièrement à la Charte de* 1814. A Paris, chez Ey-
mery, rue Mazarine, n. 32.)

« Le jour où le gouvernement n'existera que par la majorité de la
« chambre, le jour où il sera établi en fait que la chambre peut re-
« pousser les ministres du Roi, et lui en imposer d'autres, qui seront
« ses propres ministres, et non les ministres du Roi, ce jour-là c'en
« est fait, non seulement de la Charte mais de notre royauté, de cette
« royauté indépendante qui a protégé nos pères, et de laquelle seule
« la France a reçu tout ce qu'elle a jamais eu de liberté et de bon-
« heur.... ce jour-là nous sommes en république. » (*M. Royer-Collard.*)

lois seront rejetées. Que peut-on craindre encore ? La dilapidation des deniers publics ou des complots ourdis contre la légitimité ? Mais les ministres du jour sont à l'abri de tels reproches ! J'admets cependant leur culpabilité et je dis : De tels ministres ne peuvent effrayer la nation, puisque la Chambre des Députés, conformément à l'article LV de la Charte, va les accuser et les traduire devant la Chambre des Pairs, qui certes les condamnera pour sauver la patrie, si elle est en danger et inspirer une crainte salutaire à leurs successeurs.

Le Roi a le droit de *déclarer la guerre ;* droit qui renferme celui de la faire et l'obligation au peuple de fournir des subsides à l'état; subsides *abondans* pour que cette guerre nouvelle ajoute encore à la gloire nationale; subsides qui seront demandés approximativement aux Chambres après la déclaration de guerre. Ceux qui veulent porter la mesquinerie dans les camps et sous les tentes sont des égoïstes ou des factieux : égoïstes, ils craignent de donner; et factieux, ils espèrent des bouleversemens à l'intérieur après les défaites du dehors. Ces hommes méprisables sacrifient à de vils intérêts la dignité du peuple qui, presque toujours vainqueur, sera presque toujours

vaincu si ses guerriers manquent de vivres
et de munitions. Ils mettent aussi l'ingrati-
tude la plus noire à la place de la reconnaissance que la bravoure et la générosité du sol-
dat français devraient leur inspirer. Vouloir
limiter les frais de la guerre [1] à telle ou telle
somme c'est le comble de l'inexpérience; car
la moindre chose qui change les dispositions
de l'armée et ses mouvemens augmente ou di-
minue les dépenses. Les subsides ne peuvent
donc être exigés raisonnablement qu'au fur et
à mesure des besoins. Vouloir aussi que le Roi
fasse demander les subsides aux Chambres
avant de déclarer la guerre , c'est exiger que
le Monarque renonce au droit qu'il a de faire
la guerre; c'est exiger encore qu'il compromette
la vie de ses fidèles soldats : car une guerre
connue long-temps à l'avance, et dont chaque
point aura été controversé dans l'une ou dans
l'autre Chambre, offrira sans doute de grandes
résistances et beaucoup moins de chances de
succès que si le secret eût été gardé. L'Angleterre cache son secret jusqu'au dernier instant,
et pourquoi ne pas prendre de la politique

---

[1] En général une guerre de courte durée est un bienfait : elle en-
tretient la valeur militaire au moyen de l'émulation ; elle donne aussi
du mouvement au commerce. Si le peuple paie les frais de la guerre ,
toujours est-il vrai que les neuf dixièmes sortent de la bourse des
riches pour entrer dans la poche de gens moins aisés.

anglaise ce qui n'est point en contradiction avec les mœurs de la France?

Le Roi, par l'article XIV de la Charte, a le droit de faire des ordonnances pour *la sûreté de l'état*, et par l'article LXIII il peut établir des cours prévôtales. Ici les révolutionnaires frisonnent ; ils voient s'anéantir devant quelques lignes du pacte fondamental les espérances qu'ils pouvaient concevoir ; ils envisagent tout le néant de leurs manœuvres criminelles ; et là vient échouer aussi la licence de la presse périodique ; licence destructive des sociétés les plus fortes, qui a porté trop long-temps l'effroi dans le cœur de l'homme sensé et raisonnable. Nul doute que dans les temps d'agitation et de trouble la justice ordinaire ne soit trop lente à réprimer, et que pendant qu'elle échelonne ses formes et ses degrés il ne pût arriver les plus grands désastres qu'un peu de sévérité sentie à propos aurait éloignés ; c'est alors que les justices prévôtales sont utiles et même commandées. Il peut arriver aussi qu'il faille des moyens de rigueur et d'exception que les lois faites pour un ordre de choses paisible ne renfermeraient pas. Le temps de combiner des lois nouvelles, de les mûrir, d'assembler les chambres, de les leur présenter suffirait aux factieux pour commencer et finir des révolutions ; cependant ils pourraient encore compter sur les lenteurs inséparables d'une discussion franche et approfondie dans l'une et l'autre Chambre...; mais la Charte a tout prévu : elle exige, article XIV, que le Roi armé de la toute-puissance législative qu'elle lui réserve en cas de trouble et d'agitation, fasse telles ordonnnances [1] qu'il croirait utiles à la sûreté de l'état, ordonnances de rigueur et d'exception que la couronne néglige, hors les cas d'une nécessité reconnue, ordonnances qui, nées de la force des choses consolideraient la Charte bien loin de lui porter atteinte, ordonnances temporaires enfin que le rétablissement du calme anéantirait. Je n'appellerai pas ces mesures des coups d'Etat, car il n'y a rien là que de légal; seulement je souhaiterai, pour qu'elles concilient l'assentiment du plus grand nombre, qu'elles nous reportent, autant que possible, à la Charte telle qu'elle a été octroyée.

La Chambre des Pairs et la Chambre des Députés ont aussi leurs prérogatives, mais avec des obligations et des devoirs. Bien que

---

[1] Ordonnances lois, comme s'exprimait M. de Châteaubriand en 1815. — «Nous devons surtout défendre la prérogative royale, vrai « *palladium* de la France. L'autorité du Roi doit avoir dans certains « cas quelque chose de la dictature romaine.»
(CHATEAUBRIAND, *Conservateur*, premier volume.)

j'aie séparé les deux Chambres dans mes divisions je les confondrai ici, parce que je leur vois avec des prérogatives peu distinctes les mêmes obligations et les mêmes devoirs à remplir. Si l'une est placée plus près du trône que l'autre elle n'en demeure pas moins intermédiaire entre le trône et la nation ; et composée d'élémens moins discordans elle conserve sa dignité ou l'autre la perd tout à fait. Exempte d'ambition par son rang dans l'état, par l'inamovibilité [1] que n'a pas la Chambre des Députés, elle ne peut que traiter les affaires publiques avec plus de sang-froid et de justesse.

Instituées par la Charte, les deux Chambres doivent obéissance entière à la Charte, qu'elles ont juré d'ailleurs de maintenir ; instituées par la Charte pour concourir au bien public, à la prospérité de la France avec la royauté, elles doivent leur concours à la royauté qui, selon la Charte, régit et gouverne sans jamais être conduite. Il faut que ce concours des deux Chambres soit entier, plein de loyauté et de franchise, et encore environné du plus grand respect pour le Roi, sa famille et ses prérogatives, qui ne sauraient être altérées sans péril imminent, respect qui s'aperçoive au bas des

[1] Inamovibilité ordinaire et inamovibilité héréditaire.

marches du trône, respect qui se fasse sentir
à la tribune, respect enfin qui se retrouve
dans les adresses au discours que le Roi daigne
prononcer chaque année en leur présence. Si
les Chambres peuvent éclairer respectueuse-
ment le monarque, jamais elles ne peuvent
changer sa volonté par une résistance capri-
cieuse et obstinée : autrement elles devien-
draient le pouvoir tout entier. Et tel n'est point
l'esprit de la Charte, qui n'a réellement placé
dans leurs attributions qu'une tierce puissance
coopérante aux lois. Si les Chambres sont intermédiaires entre le trône et la nation, si
elles ont des obligations et des devoirs à remplir envers le trône et la nation, elles doivent
éviter toute popularité qui tendrait à enle-
ver au monarque l'affection de son peuple,
popularité qui serait taxée tout au moins
d'ambition si on ne la qualifiait point de fac-
tieuse.

Les prérogatives des deux Chambres sont
de se voir réunies autour du trône pour y
exercer leur tierce puissance coopérante aux
lois : insigne honneur, travail consciencieux
que la Charte (article L) leur accorde et leur
impose chaque année. Le Roi qu'elles entourent et dont elles reçoivent l'éclat qui les
environne, propose la loi; les Chambres la

discutent. Les Chambres ont le droit d'y faire des amendemens, et le Roi a celui de les consentir ou de les rejeter. La loi doit être discutée [1] et votée librement par la majorité de chacune des deux Chambres. Ainsi elles peuvent accepter les lois proposées ou les refuser, en demeurant toutefois responsables vis-à-vis de l'opinion de l'abus qu'elles auraient fait de ce droit, soit en acceptant des lois intempestives, soit en refusant des lois utiles et commandées. Comme toute puissance raisonnable a ses limites cette possibilité de refuser les lois a ses bornes, que la raison et la sagesse indiquent, ou que la Charte impose.

Il est une loi de nécessité que les Chambres n'ont pas la puissance de refuser, c'est la loi de l'impôt, que le vœu de la Charte et les charges de l'état ramènent chaque année, charges que l'on ne saurait faire disparaître sans tomber encore dans une anarchie, d'autant plus à redouter qu'il n'est personne même parmi les anarchistes, qui n'en ait ressenti les terribles effets. Les Chambres sont seulement appelées à examiner cette loi avec une scrupuleuse attention, à la censurer, s'il y a lieu, quant à l'exercice passé, à la modifier, s'il y a lieu aussi, quant au futur exercice ,

[1] Article XVIII de la Charte.

sans chercher à ravir ce que la Charte exige impérieusement, une monarchie forte et honorable, une administration sagement combinée et sans lésine.

Si l'une des deux Chambres s'arrogeait le droit de refuser le budget, si s'oubliant tout à fait elle venait à user de ce droit que la Charte [1] lui dénie, elle serait non seulement justiciable de l'opinion publique, mais encore incapable de siéger plus long-temps, et inhabile à siéger de nouveau; car cette chambre pourrait être justement accusée de trahison envers la patrie, qu'elle aurait cherché à précipiter dans le gouffre des révolutions; envers le Roi, dont elle aurait demandé le renversement; envers la Charte, qu'elle aurait audacieusement violée. Et alors ce serait peut-être encore le cas de faire des ordonnances pour la *sûreté de l'état*. A Dieu ne plaise que je veuille insinuer que la France en soit arrivée là! Les électeurs peuvent épargner au cœur paternel du Roi des moyens de rigueur

[1] L'article VII de la Charte accorde des traitemens aux ministres de la religion catholique, apostolique et romaine; l'article XXIII fixe la liste civile pour toute la durée de chaque règne; l'article LXIX assure les pensions des militaires ou de leurs veuves; l'article LXX garantit la dette publique. Or il faut absolument des impôts pour payer les engagemens sacrés de la Charte; il en faut aussi pour constituer une administration, une armée de terre, une marine; et la Charte, article XIV, demande tout cela.

qui lui répugnent; ils peuvent se sauver eux-mêmes; ils le doivent aux vives sollicitations de la société entière. Mais qu'ils ne l'oublient pas : si, quatre-vingt mille électeurs sont intéressés au maintien de ce qui existe *légitimement*, ils ne sont pas les seuls intéressés : car en ôtant du chiffre de la population, qui s'élève à plus de trente millions, les enfans, les femmes, les valétudinaires, les vagabonds, il reste encore plus de cinq millions d'êtres pensans, non compris les quatre-vingt mille électeurs, et tous ces hommes-là veulent la paix.

Les Chambres ont une autre prérogative c'est d'éclairer quelquefois la royauté sur les besoins législatifs de la nation. Elles ont dans ce cas la [1] faculté de supplier le monarque de proposer une loi sur quelque objet que ce soit et d'indiquer ce qu'il leur paraît convenable que la loi contienne. Mais cette prérogative a ses degrés et ses limites, sans quoi elle anéantirait l'initiative que la Charte réserve expressément au Roi. L'article XX de la Charte est ainsi conçu : cette demande pourra être faite par chacune des deux Chambres, mais après avoir été discutée en comité secret : elle ne

---

[1] Article XVIII de la Charte.

sera envoyée à l'autre Chambre par celle qui l'aura proposée qu'après un délai de dix jours. Si la proposition, dit l'article XXI, est adoptée par l'autre Chambre, elle sera mise sous les yeux du Roi ; si elle est rejetée, elle ne pourra être présentée dans la même session. Ces articles de la Charte ne sauraient détruire l'initiative du monarque, qui peut avancer ou reculer le moment de la présentation de cette loi, proposer la loi ou ne point la proposer.

C'est ainsi que je comprends la Charte et les institutions françaises ; or qu'elles soient comprises différemment par d'autres, c'est ce que je ne saurais empêcher. Mais que le public sache faire la différence entre un homme paisible et un factieux ; je dois l'espérer dans un siècle où les lumières sont immenses, où toutes les raisons sont intéressées au maintien de l'ordre *légitimement* établi. Quelques hommes peuvent bien égarer des milliers d'hommes de bon sens, on l'a vu plus d'une fois ; mais que ces derniers aient persisté long-temps à suivre des bannières qui n'étaient point celles de la fidélité et de l'honneur, cela ne s'est jamais vu, et le siècle présent, j'en ai une entière conviction, n'apprendra rien de sinistre dans ce genre aux siècles futurs. Le temps qui éclaire finit aussi par réunir, et dans cette espérance je dirai aux libéraux de bonne foi : « Voyez où l'on vous « mène et voyez ce que nous voulons ; si ce n'est « assez pour vous convaincre, jugez les uns et « les autres par leurs œuvres avant de faire « un pas de plus dans une voie pleine d'écueils. « La marche du gouvernement est franche, « vous en convenez : et son action est toujours « empreinte de la bonté paternelle de votre « Roi. Cependant vous ne l'ignorez pas, le « gouvernement, sans violer la Charte, pour- « rait en lui obéissant avec servilité prendre « une attitude plus sévère. Quand le présent « offre des garanties de bonheur et de prospé- « rité, que rien ne soit changé par votre faute ; « car vous ne savez pas ce qu'il en pourrait ad- « venir. A la crainte d'un changement dont les « conséquences vous sont inconnues joignez la « crainte salutaire de voir reparaître les hommes « qui, les uns par faiblesse, les autres par or- « gueil, par ambition ou par des motifs qu'ils « cachent soigneusement, ont osé disputer à « la monarchie l'une de ses prérogatives, le « droit de choisir ses ministres et de les con- « server. On vous parlera de la liberté : mais « dans quel temps, s'il vous plaît, la liberté « fut-elle plus grande ? on vous dira qu'il faut « des garanties au peuple : mais quelles garan-

« ties pouvez-vous exiger lorsque vous avez la
« Charte, et que le trône est *légitimement* oc-
« cupé par le frère de celui qui vous a donné la
« Charte ! Ces garanties, il fallait les demander
« à ces pouvoirs intrus, la république et l'em-
« pire, qui, pendant que l'armée cueillait de
« pénibles lauriers au dehors, allaient se-
« mant par toute la France les désastres et les
« calamités, inséparables de l'anarchie et du
« despotisme... Qu'un seul cri, imposé par la
« reconnaissance, nous rallie, cri de joie et de
« bonheur dont les Français sont jaloux : *Vive*
« *le Roi !* »

www.ingramcontent.com/pod-product-compliance
Ingram Content Group UK Ltd.
Pitfield, Milton Keynes, MK11 3LW, UK
UKHW020137080726
13614UKWH00005B/2276